Anonymous

Der Krieg gegen Preussen im Jahre 1866 bis zur Schlacht von Koniggrratz

Eine strategische Skizze

Anonymous

Der Krieg gegen Preussen im Jahre 1866 bis zur Schlacht von Koniggrratz
Eine strategische Skizze

ISBN/EAN: 9783743422049

Hergestellt in Europa, USA, Kanada, Australien, Japan

Cover: Foto ©ninafisch / pixelio.de

Manufactured and distributed by brebook publishing software (www.brebook.com)

Anonymous

Der Krieg gegen Preussen im Jahre 1866 bis zur Schlacht von Koniggrratz

Der Krieg gegen Preußen

im Jahre 1866

bis zur Schlacht von Königgrätz.

Eine strategische Skizze

von

L.

—•—

Brünn 1869.

Druck von Brzeża, Winiker & Co.

Verlag von Carl Winiker.

Vorrede.

Die vorliegenden Blätter, an deren Veröffentlichung zu gehen, mir erst jetzt gestattet ist, sind unmittelbar nach den Ereignissen des unglücklichen Feldzuges 1866 geschrieben worden.

Spärlich und wenig verläßlich waren die Quellen, welche sich mir zu jener Zeit erschlossen, — die mittlerweile erfolgten Darstellungen des Krieges lassen daher so manche der von mir angeführten Thatsachen verändert und berichtigt erscheinen.

Ich würde demnach Bedenken tragen, zur Herausgabe dieser Blätter zu schreiten, wenn nicht eben in neuester Zeit preußische Federn mit der ihnen eigenthümlichen Selbstüberhebung die unzweifelhaft großen Erfolge des Heeres vornehmlich den Vorzügen der Führung zugeschrieben und dadurch das Urtheil der Geschichte irrezuführen versucht hätten.

Modificationen in der ursprünglichen Aufzeichnung vorzunehmen, halte ich aber auch nicht für gerathen, weil eine nach wenigen Seiten zählende Brochure nicht Anspruch auf Vollständigkeit erhebt und weil selbst der Gewinn an Zuverlässigkeit mir weitaus weniger gilt, als die Erhaltung der Frische und des Lebendigen der ersten Anschauungen.

Meine Absicht war und ist es, in großen Zügen den Nachweis zu führen, daß weder die überlegene Waffe des Gegners, noch die angestaunte Intelligenz seiner Führer die Ursache unserer Niederlagen gewesen, sondern daß sie in uns selbst allein zu suchen sei. Denn die Mißgriffe und Fehler der preußischen Strategen, welche man an die Seite der größten Feldherren aller Zeiten zu stellen gewagt hat, treten eben nur darum nicht so sichtlich hervor, weil wir sie auszunützen nicht das Verständniß, nicht die Kraft besaßen.

Die Wunden, die man uns schlug, sind nun, Dank der Lebenskraft des alten Oesterreich, geschlossen und fast vernarbt. Sie aufzureißen und bloszulegen, kann meine Absicht nicht sein. Greife ich in jene Zeit und zu jener Katastrophe zurück, welche das Herz eines jeden Patrioten noch heute mit heiligem Zorne erfüllt, so liegt mir jede Beschuldigung und jede Anklage ferne.

Die Erinnerung an die Tage des Unheils möge uns nur vor neuen Selbsttäuschungen bewahren, möge unser

Urtheil klären und unseren Handlungen mit der Besonnenheit auch die Kraft des männlichen Entschlußes verleihen.

Vor Allem aber wird die höhere Einsicht bei der Wahl jener Männer sich geltend zu machen haben, die an die Spitze von Staat und Heer gestellt werden, — Männer, nach deren Fähigkeit, geistiger Begabung und Charakterentwicklung die Geschicke unseres Landes sich vollziehen müssen.

Juni 1869.

Der Verfasser.

Urjache des Krieges.

Es wäre eine arge Täuschung, den Vorwand zum Kriege mit der Ursache desselben vermengen zu wollen. Die Lösung einer verhältnißmäßig untergeordneten Frage, die Regelung des Besitzes der Elbeherzogthümer gab nur den äußern Anstoß zu jener Politik der Gewalt, welche den Krieg von 1866 erzeugt hat.

Die Ziele und Absichten Preußens waren kein Geheimniß. Wie es seit seiner Gründung das kräftige Erstarken der Hausmacht seiner Fürsten anstrebte, so wuchs mit den errungenen Erfolgen das Verlangen nach Erweiterung seiner Herrschaft und seit dem Wiener Frieden suchte es geheim und offen, durch Unterhandlung und Gewalt die Hegemonie in Deutschland zu erlangen, welche ihm streitig zu machen, Oesterreich alle seine Kräfte daranzusetzen, entschlossen war. Preußen war demnach in der entschiedensten politischen Offensive, Oesterreich in der Defensive.

Die Entwicklung der deutschen Frage in irgendwelcher Form bedingte es aber nothwendigerweise, daß so ausgesprochene Gegensätze der Interessen und der Ziele zu harter Reibung und ernsten Kämpfen führten.

Politischer Zweck des Krieges.

Aus den Ursachen geht der politische Zweck des Krieges klar hervor.

Er fand für Preußen darin seinen Ausdruck, daß es Oesterreich aus Deutschland zu verdrängen suchen mußte, um dann keinen Widerstand mehr für seine langsame, planmäßige Absorbirung der Kleinstaaten zu finden; und er mußte für Oesterreich darin bestehen, die Eroberungsgelüste seines Gegners zu vereiteln, und Deutschland eine kräftigere Constituirung unter Erhaltung seiner Föderativverfassung zu geben.

Preußen, welches mittelst der Reorganisation der Wehrverfassung seine Kräfte gesammelt hatte, das aus nationalökonomischen Gründen in dieser Spannung nicht lange verharren konnte und welches überdies fremder Unterstützung gewiß war, hatte alle Ursache, auch strategisch die Initiative für sich in Anspruch zu nehmen.

Oesterreich dagegen, in einer politischen und finanziellen Krisis begriffen, fortwährend im Süden beunruhigt, suchte die Entscheidung hinauszuschieben und war um so mehr auch strategisch an die Defensive gewiesen, als seine Regierungsmänner durch das hinterlistige Benehmen Preußens getäuscht, durch seine gleißnerischen Versicherungen in ein trügerisches Vertrauen gewiegt, ihre Vorbereitungen zum Kriege viel zu spät begonnen hatten.

Militärischer Zweck des Krieges.

Er war demnach, der Größe der politischen Ziele und der streitigen Interessen entsprechend, ein absoluter, welcher zu dem intensivsten Entscheidungskampfe hindrängte.

Die Aufbietung aller Mittel und die Anspannung aller Kräfte mußte beiden Theilen als ein Gebot dringlichster Nothwendigkeit erscheinen.

Wir wollen sehen, in wie weit dies geschah.

Kräfte beider Theile.

Oesterreich.

Oesterreich wußte sich der Mitwirkung der secundären Staaten Deutschlands zu versichern, da die Regenten derselben in einem entschiedenen Siege Preußens die Gefahr des Umsturzes ihrer Throne und der Einigung Deutschland's unter dem Scepter der Hohenzollern wohl deutlich erkennen mußten.

Wo es sich um den Bestand von Staaten handelte, durfte man die Aufbietung aller Kraft in möglichst kurzer Zeit erwarten. Man täuschte sich leider darin. Die Verbündeten entfalteten entweder nicht ihre ganze Streitkraft, wie Baiern, welches nur 50,000 Mann in's Feld stellte, oder sie verfuhren saumselig, wie Baden und Württemberg bei Aufstellung des 8. Armee-Corps.

Wenn die Regenten die große Tragweite des Kampfes einsahen, wenn sie von Männern treuer und verläßlicher Gesinnung umgeben waren, so ist der Grund für die Unterlassung so nothwendiger Maßregeln wohl nur in der blassen Furcht vor der That und in der Scheu vor pflichtgemäßer Verantwortlichkeit zu suchen.

Selbst Oesterreich, welches einer so gewaltigen und tiefernsten Entscheidung gegenüberstand, traf nicht Vorbereitungen, wie sie ein solcher Kampf erfordert. Es ist eine Behauptung, welche heutzutage gar nicht mehr angefochten werden kann, daß es, wenn es nur zur äußersten Anspannung entschlossen war, eine bedeutend größere Truppenzahl zur Verwendung zu bringen vermochte. Der Grund der Schwäche lag zumeist in der Organisation der Armee, an welcher wohl seit 1859 beständig experimentirt, aber doch nichts Verständiges zu Tage gefördert worden war.

Während aber von Seite Oesterreichs und seiner Verbündeten etwas schlaff verfahren wurde, entwickelte Preußen die höchste Energie in der Aufstellung seiner Streitkräfte. Es hatte seine Vorbereitungen schon lange her getroffen, denn der politische Zweck des Krieges lag ihm schon vor Beginn des dänischen Kampfes klar vor Augen. In diesem Kriege sollte die Armee einer langen Friedenszeit kriegstüchtig gemacht und an der Seite österreichischer Truppen, ihre

Vorzüge und Fehler kennen lernend, für den bevorstehenden Kampf gegen dieselben erzogen werden, auf daß sie die einen paralysire, die anderen ihrem vollen Umfange nach ausnütze.

Oesterreichische Nordarmee.

Commandant: FZM. Benedek.

Infanterie-Corps.

1. G. d. C.: Graf Clam-Gallas, 5. Brig., à 7 Bats., 4¹/₄ Esc., 10 Batt., 41,000 Mann, 4800 Pferde.
2. FML. Graf Thun, 4 Brig. à 7 Bats., 4¹/₄ Esc., 10 Batt. 34,000 Mann, 4700 Pferde.
3. FML. Erzh. Ernst, 4 Brig. à 7 Bats., 2¹/₄ Esc., 8 Batt., 32,600 Mann, 4400 Pferde.
4. FML. Graf Festetics, 4 Brig. à 7 Bats., 4¹/₄ Esc., 10 Batt., 33,500 Mann, 4800 Pferde.
6. FML. Baron Ramming, 4 Brig. à 7 Bats., 4¹/₄ Esc., 9 Batt., 33,400 Mann, 4700 Pferde.
8. FML. Erzh. Leopold, 4 Brig. à 7 Bats., 5¹/₄ Esc., 9 Batt., 33,400 Mann, 4600 Pferde.
10. FML. Bar. Gablenz, 4 Brig. à 7 Bats., 3¹/₄ Esc., 9 Batt., 32,600 Mann, 4400 Pferde.

Cavallerie-Divisionen.

1. Leichte GM. Baron Edelsheim, 6800 Mann, 6900 Pf., 3 Batt.
2. „   GM. Fürst Taxis,   4200   „   4100 „ 2 „
1. Reserve FML. Prinz Holstein, 4900   „   4800 „ 2 „
2. „   GM. Zaitschek,   5300   „   5000 „ 2 „
3. „   Graf Coudenhove,   5500   „   4900 „ 2 „

Armee-Geschütz-Reserve.

128 Geschütze.

Summa bei den Corps   240,900 Mann,
  „   „ „ Cavall. Div. 26,700 „
       zusammen .   267,600 Mann
und 736 Geschütze.

Dies zeigt einen größeren Stand, als der Kriegsétat ausweist und kam wohl daher, daß viele Regimenter 300—500 Mann Ueberzählige hatten. Ob es nicht vortheilhafter gewesen wäre, aus diesen letzteren Reserveformationen zu bilden, bleibt dahingestellt; für jeden Fall waren hierzu die 40,000—50,000 Mann ausgehobener und in den Ergänzungsbezirken befindlicher Truppen zu verwenden. Es wäre unter der Voraussetzung, daß die Centralbehörde schon früher für Waffen und Munition vorgesorgt hätte, leicht gewesen, eine Reserve-Armee von 60,000—80,000 Mann bei Wien aufzustellen und dadurch das so kläglich schnelle Ende des Krieges zu vermeiden.

Den Werth strategischer Reserven scheint man in der Neuzeit ganz und gar gering zu halten. Ohne die Bedeutung des obersten Grundsatzes der Kriegskunst „überlegene Kräfte auf den entscheidenden Punct" zu verkennen, halten wir es doch für im hohen Grade geboten, sich einen Rückhalt zu schaffen. Denn, wenn die Sache ungünstig sich gestaltet, wenn in Folge der Untüchtigkeit des Feldherrn oder widriger Umstände Katastrophen eintreten, welche massenhafte Verluste an Mann, Pferden und Material zur Folge haben, dann ist da, wo man alle seine Kräfte auf einmal ausgibt, das Schicksal des ganzen Krieges entschieden. Wie sehr auch der gegenwärtige Zustand der Culturverhältnisse, des Handels und der Finanzen zu kurzer und rascher Kriegsführung drängt, so liegt es doch in den Pflichten der Staatsleiter, alle Elemente zu pflegen, welche dem Kampfe Zähigkeit geben, weil die Existenz des Staates billigerweise über jede andere Rücksicht weitaus gestellt werden muß. Ganz besonders konnte Oesterreich seinen Gegner in diesem Puncte überflügeln.

Preußen hatte seine letzten Kräfte aufgestellt und zur Verwendung gebracht. Die Blüte seiner Bevölkerung war unter den Waffen, Werkstätten und Fabriken standen still, Industrie und Handel litten gleichmäßig, — der Bogen konnte nicht straffer gespannt werden, ohne zu brechen. Mit der Fortsetzung des Krieges wäre auch das „heidenmäßig viele Geld" ausgegangen und die Stimmung im Lande wäre eine verzweifelte geworden.

Oesterreich jedoch konnte ohne wesentliche Schädigung seiner Agricultur und Industrie noch 200,000—300,000 Mann unter die Waffen rufen.

So bleibt es eine unbestreitbare Thatsache, daß Oesterreich seine Niederlage 1866 nicht nur der schülerhaften Führung der Nordarmee, sondern auch der Sorglosigkeit der leitenden Organisatoren zu danken hat. Die Reservearmee, welche das geschlagene Heer unter den Mauern von Olmütz oder von Wien gefunden hätte, mochte das gesunkene Vertrauen beleben und einen Umschlag in den Verhältnissen des Krieges herbeiführen.

Auch war man dann nicht in die Nothwendigkeit versetzt, die österreichisch-italienische Armee um die Früchte ihres Sieges zu bringen, das Land, um dessen Besitz Oesterreich seit Jahrhunderten gerungen, leichten Kaufs aufzugeben und sogar Süd-Tirol einem übermächtigen Feinde gegenüber zu gefährden.

Gruppirung der Kräfte.

Wie aus dem skizzirten Kriegsschauplatze leicht zu ersehen, gruppirten sich die von den föderirten Staaten aufgestellten Kräfte in 3 Massen.

1. Hauptmasse.

Oesterreich 268,000 ⎫
Sachsen   22,000 ⎭ 290,000 Mann, 800 Geschütze.

2. Masse.

Baiern 50,000 Mann, 155 Geschütze.

3. Masse.

Hannover   18,000 ⎫
Hessen-Kassel   9000 ⎬ 80,000 Mann, 140 Gesch.
Achtes Bundes-Corps 53,000 ⎭

Ihnen gegenüber standen:

Die Elbe-Armee ⎫
„ 1. Armee ⎬ 280,000 Mann, 900 Geschütze,
„ 2. Armee ⎭

welche 3 Armeen gleichsam eine Masse bildeten,

Division Manteuffel ⎫
„ Göben ⎬ 54,000 Mann, 96 Geschütze.
„ Bayer ⎭

Von diesen Massen hätten folgende gegen einander wirken sollen:

Oesterreich und
Sachsen 290,000 M., 800 Gesch. ⎫
Baiern 50,000 „ 135 „ ⎬ 340,000 M. 935 Gesch.
                                    ⎭

gegen 280,000 Mann, 900 Geschütze Preußens.

80,000 Mann, 140 Geschütze unter Prinz Hessen gegen die preußische Main-Armee:

54,000 Mann, 96 Geschütze.

Man sieht daher, daß Preußen's Kräfte auf beiden Kriegsschauplätzen in der Minderzahl waren.

Deutscher Kriegsschauplatz.

Der Kriegsschauplatz in Deutschland erstreckt sich in der geographischen Längenausdehnung vom Rhein bis zur Oder, in der Breiten-Ausdehnung von der Donau bis zur Ost- und Nordsee.

In Berücksichtigung der Gruppirung der Kräfte der föderirten Staaten und der Aufgaben, die selben in dem großen Kampfe zufallen mußten, kann man sich den ganzen Kriegsschauplatz in zwei Operationsschauplätze getrennt denken.

Die Trennungslinie bildet die untere Elbe, die Saale bis zur Quelle, das Fichtelgebirge und die Raab bis zum Einflusse in die Donau.

Wie leicht zu sehen, ist der östliche dieser beiden Operationsschauplätze der wichtigere, weil in demselben der Schwerpunct der

Kräfte und die beiden Hauptoperations-Objecte Wien und Berlin liegen. Dort mußte daher die Hauptkraft vereint werden, dort die Hauptentscheidung fallen.

Der westliche war secundärer Natur. Es galt auf diesem nur, die dort aufgestellten Kräfte zu paralysiren, selbe festzubannen und mit Rücksicht auf die Operationen des östlichen Schauplatzes so viel als möglich unschädlich zu machen.

Wir wollen nun die wichtigen strategischen Puncte und Linien auf jedem dieser zwei Operationsschauplätze bezeichnen.

Oestlicher Operationsschauplatz.

In diesem liegen die Hauptschwerpuncte, die Hauptoperations-Objecte Wien und Berlin. — Beide Puncte sind durch eine beinahe gerade, nur sanft rechts und links abweichende Linie verbunden. Diese Linie bildet zugleich die beste und praktikabelste Verbindung, da außer dem Lausitzer-Gebirge und der Elbe keine weitern schwierigen Terrainhindernisse zu überwinden sind und keine Festung das Vorgehen erschwert.

Eine zweite wichtige Operationslinie ist jene, die einerseits von Bairenth über Hof, Halle, Wittenberg, und andererseits über Chemnitz, Torgau nach Berlin führt.

Außer diesen zwei Haupt-Operationslinien, sind folgende Nebenoperationslinien bemerkenswerth:

a) Von Prag nach Dresden und von da über Elsterwerda, Herzberg, Interbogk nach Berlin.

b) Von Prag über Melnik, Böhmisch Leipa, nach Bautzen in die Hauptoperationslinie.

c) Von Pardubitz über Königgrätz, Josephstadt, Trautenau, Jauer, nach Liegnitz, Glogau, und von Josephstadt über Glatz, Frankenstein nach Breslau.

d) Von Olmütz über Jägerndorf, Neisse nach Breslau.

Von diesen vier Nebenoperationslinien ist die von Prag nach Dresden die entscheidenste, da sie zum wichtigsten intermediären Operations-Objecte Dresden, dem Stützpuncte aller strategischen

Manöver um die mittlere Elbe und zum Schwerpuncte eines secundären wichtigen Staates: Sachsen, führt.

Von geringerem Belange sind die Operationslinien c und d, da c durch lauter Defiléen führt, die am Ausgange durch Festungen wie Glatz, Königgrätz gesperrt werden, mithin für große Armeen weniger praktikabel ist und da die bedeutenden Festungen, welche auf der einen großen Bogen beschreibenden Linie d liegen, nicht unberücksichtigt bei Seite gelassen werden können.

Haupt Rocade-Linien.

Alle diese Operationslinien werden durch zwei Haupt Rocade-Linien mit einander verbunden:

A. Nördlich des Erz- und Riesengebirges, wie der Sudeten:

Durch die große Straße, die von Zwickau über Chemnitz, Freiberg nach Dresden, ferner über Bautzen, Liegnitz nach Breslau und weiter über Oppeln nach Krakau führt.

B. Südlich obigen Gebirges:

Durch die Linie von Hof über Eger nach Prag und weiter über Kollin, Pardubitz nach Olmütz, Prerau.

Beide Rocade-Linien durchschneiden die Hauptoperationslinie in den Puncten Bautzen und Kollin. Diese sind zwar dadurch wichtig, werden jedoch von den nahe gelegenen Manövrirpuncten Prag und Dresden an Bedeutung bei weitem überragt.

Weitere wichtige strategische Puncte auf diesen Rocade Linien sind: auf der ersten Breslau, auf der zweiten Pardubitz und Olmütz.

Festungen auf dem östlichen Operationsschauplatze.

Auf preußischer Seite liegen folgende Festungen:

An der Elbe: **Torgau** und **Magdeburg**.

Sie treten erst in Action, wenn sich der Kampf Berlin nähert und dann dürfte dem bisher siegreichen Gegner die bloße Beobachtung dieser Festungen genügen.

In Schlesien:

Glatz, Neisse, Glogau und Kosel.

Glatz sperrt die von Josephstadt und Nachod nach Breslau, — Neisse jene von Olmütz dahin führende Operationslinie.

Neisse ist eine starke, ziemlich umfangreiche Festung, beherrscht das Terrain zwischen der Oder und den steilen Abfällen des Glatzer Gebirges und der Sudeten vollkommen, daher eine dort vordringende feindliche Armee die Festung nicht unberücksichtigt lassen kann.

Auf österreichischer Seite:

Königgrätz beherrscht die obere Elbe und die von Breslau über Trautenau nach Böhmen führende Operationslinie, hat aber bei dem kleinen Umfange und bei der geringen Besatzung, die es aufnehmen kann, wenig Bedeutung. Wäre hauptsächlich als gesicherter Depotpunct für den Vertheidiger zu benützen.

Theresienstadt auf der Linie Prag—Dresden, und mehr als Depot und Manövrirpunct für eine secundäre Rocade vom Werthe.

Olmütz, großes verschanztes Lager, Festung ersten Ranges, beherrscht die nach Schlesien führende Operationslinie, liegt aber zu weit von der Hauptoperationslinie Berlin—Wien abseits und wird von dieser durch das für große Armeen nicht so leicht passirbare mährisch-böhmische Grenzgebirge und das ziemlich durchschnittene, von Olmütz über Bostowitz, Groß-Meseritsch bis nach Iglau sich erstreckende Hochland, in welches die Zwittawa, Schwarzawa, Oslava und Iglava tief eingefurcht sind, getrennt.

Die Luftlinie von Olmütz bis Iglau beträgt über 16 deutsche Meilen, daher, abgesehen von den zwischenliegenden Terrainhindernissen, die strategische Sphäre von Olmütz nach dieser Richtung hin nur eine sehr schwach wirkende sein kann.

Viel wichtiger wäre, wie es für jeden Laien ersichtlich ist, Prag als Armee-Festung, und es könnte mit Erbauung von Brückenköpfen bei Brandeis und Nimburg ein sehr wichtiges und starkes strategisches Dreieck für die Vertheidigung Böhmens geschaffen werden.

Anstatt aber Prag, auf dessen Bedeutung alle einsichtsvollen Militärs wiederholt hinwiesen, stärker zu befestigen, ließ man es als Festung ganz und gar auf. Die Fortificationen von Olmütz hingegen, welchen man einen übermäßig hohen Werth beimaß, wurden fortwährend ausgedehnt, obgleich an diesem Puncte eine starke Depot-Festung vollkommen zureichte.

Strategische Vertheidigungs-Linien.

Oesterreich gegen Preußen.

1. Vertheidigungslinie.

Die erste strategische Barrière gegen Norden bildet das Erzgebirge auf dem linken Elbenfer, — auf dem rechten das steile zerrissene Lausitzer Gebirge und das Riesengebirge mit den Sudeten.

Das Erzgebirge ist schwer zu vertheidigen, da eine Menge guter Communicationen über dasselbe in den böhmischen Kessel führen.

Aus diesem Grunde und weil die Abdachung gegen Sachsen allmälig sich verflacht und einen hochlandsartigen Character hat, welcher Transversal-Manöver sehr erschwert, ist eine Vertheidigung aus einer auf dieser Abdachung genommenen Aufstellung nicht denkbar. Der Vertheidiger muß also sich hinter dem Gebirge, — seine strategischen Reserven auf der von Eger über Carlsbad, Saaz, Brüx nach Teplitz führenden Rocade-Linie aufstellen.

Leichter zu vertheidigen ist die Osthälfte Böhmens, da in der ganzen Ausdehnung von der Elbe bis zu den Sudeten eigentlich nur die Strecke zwischen der Elbe und dem Riesengebirge für große Armeen passirbar, — das Riesengebirge für große Colonnen ganz unpraktikabel ist, und das Glatzergebirge bis zu den Sudeten auch nur auf 3, mehrere Meilen von einander getrennten Straßen, welche noch dazu unausgesetzt in Gebirgs-Defiléen fortlaufen, überschritten werden kann, die überdieß beim Heraustreten in die Ebene durch die Festung Königgratz beherrscht werden. Aber auch der leichter passirbare Theil zwischen der Elbe und dem Riesengebirge bietet dem Angreifer nicht unbedeutende Schwierigkeiten, da die von Zittau über das Lausitzer Gebirge nach Zwickau und Gabel führende Neben-Communication leicht ungangbar gemacht, und die Hauptlinie über Reichenberg sehr gut aus einer Aufstellung bei Gablonz und Sermanic vertheidigt werden kann.

Ueberdies bieten bei einem weitern Vordringen des Gegners die großen Waldungen, die sich zwischen Hirschberg, Hühnerwasser und Liebenau erstrecken, dem Vertheidiger Mittel genug, sich desselben mit Erfolg zu erwehren.

Bei Vertheidigung der östlichen Hälfte Böhmens wäre die strategische Aufstellung der Armee in dem Dreiecke Jungbunzlau, Turnau, Gitschin angezeigt und nothwendig, um von hier auf vereinzelt vorrückende Gegner herfallen zu können und sie en detail zu schlagen.

Die Jserlinie hat keinen rein defensiven Werth, da der Fluß beinahe überall anstandlos überschritten werden kann, hingegen ist selbe unverkennbar für die offensiv geleitete Vertheidigung nicht ohne Bedeutung.

2. Vertheidigungslinie.

Die Elbe mit den wichtigen Puncten Brandeis, Nimburg und Pardubitz.

Letzterer Punct wäre unter Benützung der vorgelagerten Teiche sehr leicht zu einem großartigen verschanzten Lager umzuschaffen, in welches die Armee sich excentrisch zurückziehen, auf Olmütz basiren und derart aus einer vortrefflichen Flankenstellung das Vordringen auf der Hauptoperationslinie nach Wien verwehren könnte.

3. Vertheidigungslinie.

Die tiefeingeschnittene Thaya mit der Position bei Znaim à cheval der Hauptoperationslinie.

4. Vertheidigungslinie.

Der Donaustrom, der dem Sieger gewaltige Hindernisse entgegensetzt und leicht zu vertheidigen ist, da hinter demselben die

Eisenbahn zieht, mithin Kräfte nach jedem bedrohten Puncte sehr
schnell geworfen werden können.

Preußen gegen Oesterreich.

1. Vertheidigungslinie.

Das Erzgebirge, falls Preußen Sachsen besetzt; da jedoch
die Rocadelinie Dresden—Bautzen höchstens 1 bis 2 Märsche vom
Gebirge entfernt läuft, eine Befestigung der Puncte aber nicht in
der Macht und Zeit Preußens liegt, so ist es leicht ersichtlich, daß
diese strategische Gebirgsbarrière für Preußen nicht entfernt jene
Vortheile bietet, wie für Oesterreich.

Außer dieser hat Preußen keine weitere Vertheidigungslinie
bis zu jener unmittelbar vor Berlin, die durch die sumpfigen Nie=
derungen der Nuthe und Notte gebildet, sich vom See bei Wuster=
hausen bis Potsdam erstreckt, welche aber von einem siegreichen
Gegner sehr leicht über Fürstenwalde tournirt werden kann.

Zieht man nun einen Vergleich zwischen diesen Vertheidigungs=
linien, so ist leicht ersichtlich, daß Oesterreich bedeutend im Vortheile
war, mithin den Vertheidigungskrieg mit größerer Zähigkeit und
Ausdauer fortführen konnte, als Preußen.

Was die Festungen anbelangt, waren beide Staaten so ziem=
lich gleichgestellt, da die wichtigsten und stärksten Festungen, Neisse,
Olmütz abseits der Hauptoperationslinie lagen, und Theresienstadt
und Königgrätz dem Angreifer keine nennenswerthen Kräfte abzogen.

Eisenbahn=Verbindungen.

Oesterreich mit Baiern.

Von Wien. Die Eisenbahn über Brünn nach Prag, ferner
über Olmütz, Vereinigungspunct bei Böhmisch-Trübau;

Eisenbahn von Olmütz nach Krakau.

Alle diese Eisenbahnen haben nur ein einfaches Geleise.

Eisenbahn mit doppeltem Geleise von Bayreuth nach Halle.

Preußen.

Eisenbahn mit doppeltem Geleise von Berlin über Frankfurt an der Oder nach Liegnitz, Breslau und Oppeln und so fort bis an die russische Grenze.

Von dieser gehen Zweigbahnen mit einfachem Geleise:
a) von Görlitz und Kohlfurt nach Hirschberg,
b) von Liegnitz und Breslau nach Frankenstein,
c) von Brieg nach Neisse.

Eisenbahn mit doppeltem Geleise von Berlin über Magdeburg nach Halle und Leipzig.

Vergleicht man das Schienennetz beider Staaten auf dem östlichen Operationsschauplatze, so zeigt sich, daß Preußen bedeutend im Vortheile war, da Oesterreich seine Eisenbahnen zum Transporte größerer Truppenmassen in kurzer Zeit von einem Puncte auf den andern, bei einer concentrirten Aufstellung am rechten Flügel der Rocadelinie Olmütz, Prag schwer benützen konnte.

Dies ist wohl die Ursache, daß vom 18. bis 19. Juni die ganze Armee in forcirten Märschen nach Böhmen instradirt und die Eisenbahn nur hauptsächlich zur Nachführung des nöthigen Proviants benützt wurde.

Westlicher Operationsschauplatz zwischen dem Rhein und der Saale.

Die Basis für die Operationen der süddeutschen Staaten bildet der Main mit der Festung Mainz und der Citadelle von Würzburg als befestigte Puncte.

Die wichtigste Operationslinie war die von Frankfurt am Main über Kassel nach Göttingen und Hannover führende Straße und Eisenbahn, da auf dieser alle aus den preußischen Rheinprovinzen an die Elbe führenden Communicationen durchkreuzt und alle dort befindlichen Kräfte der Preußen abgeschnitten werden können.

Auch war es diejenige Linie, auf welcher die Vereinigung der

Hannoveraner mit den Hessen und mit dem 8. Bundescorps am schnellsten bewerkstelligt werden konnte.

Kassel, Göttingen mit Minden am Zusammenflusse der Fulda und Werra waren auf dieser Linie die wichtigsten strategischen Puncte, an welchen die Vereinigung der bezeichneten Kräfte bewirkt werden sollte.

Operationspläne.

Oesterreich und die föderirten Staaten.

Es scheint, daß kein allgemeiner, den ganzen deutschen Kriegsschauplatz umfassender Operationsplan entworfen worden sei, denn wir sehen gleich beim Beginne des Feldzuges die Baiern, das 8. Bundescorps, die Hessen und Hannoveraner ganz ohne Einklang, nahezu planlos operiren.

Selbst ein Operationsplan für die österreichische Armee scheint nicht vorhanden gewesen zu sein, da sonst bei einigem Nachdenken die erste Aufstellung der Armee ganz anders erfolgt wäre und man gleich Anfangs ganz andere Operationen unternommen hätte.*)

Operationsplan für die auf dem östlichen Operations-Schauplatze zu verwendenden Kräfte.

Wie aus der Beschreibung des Kriegsschauplatzes hervorgeht, war der östliche Operationsschauplatz zwischen der Saale und der Oder der entscheidende. Hier waren die meisten Kräfte von beiden Seiten in Verwendung zu bringen, hier mußte der Entscheidungskampf fallen.

Auf diesem Schauplatze hätte daher außer der österreichischen Armee auch noch die baierische nach einem und demselben Ziele in Thätigkeit gesetzt werden sollen.

Dies konnte auf zweierlei Art geschehen. Entweder dadurch, daß man die baierische Armee nach Böhmen zog, sie mit der öster

---

*) Seither ist doch der von G. M. Krismanic entworfene Operationsplan veröffentlicht worden.

reichischen vereinte und mit dieser concentrirten Masse die Operationen begann, oder daß man die Baiern außerhalb des böhmischen Kessels convergent nach demselben strategischen Operationsobjecte operiren ließ.

Die baierische Armee war beim Beginne des Feldzuges zwischen Bamberg und Würzburg aufgestellt und aufmarschirt.

Hätte man die Armee nach Böhmen gezogen, so verlor man damit viel Zeit und verfuhr nicht politisch, da man dadurch Baiern entblößt, und im Lande, sowie in der Armee Mißstimmung hervorgerufen haben würde.

Eine solche Vereinigung und Concentrirung der Massen wäre in diesem Falle ein großer Fehler gewesen.

Viel kräftiger und wirksamer konnte die baierische Armee auftreten, wenn man mit derselben einen ähnlichen Operationsplan wie im Jahre 1813 die Hauptarmee mit der schlesischen und Nordarmee, verabredete.

Die Aufgabe der baierischen Armee wäre im Jahre 1866 ähnlich jener der Armee Blüchers im Jahre 1813 gewesen.

So wie dieser auf Neisse und Schweidnitz basirt, in der Richtung gegen Dresden operiren sollte, um Kräfte von der Hauptarmee Napoleon's abzuziehen und der Hauptarmee unter Fürst Schwarzenberg das Debouchiren aus dem böhmischen Kessel zu erleichtern, so wie Blücher die Weisung erhielt, sich in keinen entscheidenden Kampf einzulassen, sondern jedesmal, sobald sich überlegene Kräfte Napoleons gegen ihn wandten, jedem Hauptstoße ausweichend, gegen Schweidnitz zurückzugehen, ebenso hätte die baierische Armee den Auftrag erhalten sollen, auf die Mainlinie basirt, über Hof und Chemnitz gegen Dresden zu operiren. Sie mußte, sobald sie von überlegenen Kräften bedroht war, wieder gegen Hof zurückgehen und so wie sie Luft bekam, wieder die Offensive ergreifen.

Wie schon früher hervorgehoben wurde, war Dresden das wichtigste Intermediar-Operationsobject, da man im Besitze Dresdens, Herr Sachsens war, mithin das sächsische mit Oesterreich vereinigte Corps in unmittelbarer Nähe seiner Resourcen blieb. Ueberdies ist

Dresden der wichtigste strategische Manövrirpunct an der mittleren Elbe, weil hier die Hauptcadetlinie zwischen Breslau, Hof und Leipzig den Fluß übersetzt und in nächster Nähe bei Bautzen die Wien und Berlin verbindende Hauptoperationslinie durchschnitten wird.

Die Besetzung Dresdens war daher für beide Theile von großer Wichtigkeit.

Die österreichische Armee konnte dieselbe aber nur durch führen, wenn sie am Fuße des Erz- oder des Lausitzer Gebirges concentrirt aufgestellt, von hier aus die Offensive ergriff.

Ein Hervorbrechen über Nollendorf gegen Dresden hätte wohl am schnellsten zur Besetzung dieses wichtigen Punctes geführt; aber Preußen hätte dann seine drei Armeen bei Königsbruck vereinigt und der österreichischen Armee das Debouchiren aus Dresden erschwert, da diese Stadt nicht entsprechend als verschanztes Lager befestigt war.

Zweckmäßiger wäre es daher gewesen, mit der österreichischen Hauptarmee gegen Bautzen zu debouchiren, das 1. Corps über Nollendorf nach Dresden zur Occupirung dieses Punctes vorzusenden und die Baiern gegen Halle und Torgau operiren zu lassen, um die dort aufgestellte Elbearmee zu paralysiren.

Die österreichische Armee mit den Sachsen vereint, würde dann der Armee des Prinzen Friedrich Carl überlegen gewesen sein, und hatte somit alle Wahrscheinlichkeit des Erfolges für sich.

Ein Sieg bei Bautzen oder in der Nähe dieses Punctes führte dieselbe in wenigen Tagen nach Berlin, da die defensive Linie der Ruthe rc. sehr leicht umgangen werden konnte.

Wollte man die Offensive ergreifen, so konnte nur ein Vordringen auf der oben bezeichneten Linie zu einem schnellen entsprechenden Resultate führen. Jedes Vorgehen auf einer Nebenoperationslinie war ein Fehler.

Ein Vorgehen von Olmütz gegen Schlesien führt zu dem secundären Operationsobjecte Breslau. Aus der politischen Natur des Krieges ging hervor, daß dies kein Kampf mit beschränktem Ziele sein, daß die Eroberung Schlesiens nie zu einem durchgreisenden Resultate führen konnte. Eine volle Niederwerfung und Besiegung des Gegners war zur Beendigung des Krieges nothwendig.

Ueberdies hätte ein Vordringen gegen Schlesien noch folgende Nachtheile gehabt:

1. Wäre man genöthigt gewesen, Neisse cerniren und Glatz beobachten zu lassen, wodurch man sich geschwächt hätte.

2. Entfernte man sich von der baierischen Armee zu sehr, mit der man vereint, d. h. concentrisch hätte operiren sollen.

3. Rückte man die feindlichen Kräfte, welche von Halle bis Frankenstein und Zuckmantel standen, zusammen, nöthigte sie selbst zur Concentrirung, während man doch trachten mußte, sie strategisch zu durchbrechen.

Auch war keine Gefahr zu besorgen, daß Preußen von Schlesien aus gegen Olmütz vordringen werde, da es sich von seinen übrigen Kräften, von seiner Basis ganz entfernt, und das Hauptobject Berlin preisgegeben hätte, welches nicht wie Wien durch eine große Festung gleich Olmütz gedeckt war.

Hätte Preußen einen so großen Fehler begangen, so konnte die österreichische Armee die Vertheidigung der Grenze excentrisch führen. Während nämlich ein Corps in Olmütz die preußische Armee beschäftigte, war die österreichische Hauptarmee, in der Lage basirt auf Böhmen, gegen das Vorgehen der Preußen im Marchthale flankirend zu wirken. Welcher Gefahr sich die Preußen dabei ausgesetzt hätten, ist jedem Laien ersichtlich.

Eine Aufstellung der österreichischen Armee auf der secundären Operationslinie gegen Preuß. Schlesien war daher ein großer Fehler.

Erlaubten die politischen Verhältnisse und andere Umstände es nicht, mit aller Energie die Offensive zu ergreifen und sich baldmöglichst des so wichtigen Manövrirpunctes Dresden zu bemächtigen, wollte man also zuerst auf der Defensive verharren, so mußte die Stellung der österreichischen Armee so gewählt werden, um auf den über das Lausitzer-, das Riesengebirge und die Sudeten einbrechenden Gegner herfallen und ihn wo möglich en détail schlagen zu können.

Man hätte nach denselben Grundsätzen verfahren müssen, wie sie für die Vertheidigung eines Gebirgsgürtels durch die Theorie und die Erfahrung festgestellt sind.

Diese Grundsätze sind im Kurzen folgende:

Aufstellung einer Beobachtungslinie im Gebirge, um das Annähern des Gegners bei Zeiten zu erfahren.

Aufstellung der taktischen Reserven auf den Einbruchslinien, um dem Gegner das Vordringen so viel als möglich zu erschweren.

Endlich Aufstellung der strategischen Reserve auf der alle Uebergangsstraßen rückwärts vereinigenden Rocadelinie.

Weiters ist es noch nothwendig, mit der größten Energie alle jene Hindernisse anzubringen, welche dem Angreifer das Vordringen erschweren, also Anlage von Verhauen, von Schanzen, Vornahme von Abgrabungen, Brückensprengungen ꝛc. ꝛc.

Auch ist die Befestigung jener Puncte, welche die Operationen der strategischen Reserve ermöglichen und Flankenmanöver erleichtern, dringend nothwendig. Es muß, mit Einem Worte, der Operationsschauplatz der Vertheidigung entsprechend hergerichtet werden.

Da also, wie gesagt, eine Offensive Preußens von Schlesien aus nicht zu besorgen war, und wenn sie erfolgte, uns nur Vortheile bringen konnte, so war es angezeigt, die österreichische Armee so aufzustellen, daß die Vertheidigung mit Leichtigkeit ohne große Kraftanstrengung durchgeführt werden konnte.

Die Aufstellung hätte in dem strategischen Dreiecke JungBunzlau, Turnau und Gitschin erfolgen sollen, aus welchem man sich mit großer Schnelligkeit auf die von Bautzen sowie über Glatz und Trautenau debouchirenden Colonnen hätte werfen und sie en détail schlagen können.

Wollte man den Gegner über seinen Zweck täuschen, denselben dadurch in seiner getrennten Stellung festhalten und zu Operationen mit getheilten Kräften verleiten, so hätte eine ausgedehntere Aufstellung der Armee auf der Rocade-Linie Prag, Pardubitz, Olmütz erfolgen müssen. Man hätte beiläufig das Beispiel Napoleon's im Jahre 1815 beobachten sollen.

Napoleon hatte seine Armee längs der französischen Grenze

2*

von Lille bis Thionville in einer Ausdehnung von beinahe 35 Meilen aufgestellt.

Das 1. Corps (Erlon) stand bei Lille,
„ 2. „ (Reille) „ „ Valenciennes,
„ 3. „ (Vandamme) „ „ Mezières,
„ 4. „ (Gerard) „ „ Thionville,
die Reserve Cavallerie (Grouchy) zwischen Avesnes und Thionville in 2. Linie,
das 6. Corps (Loban) bei Laon, die Garden bei Paris. —

Durch diese große Ausdehnung der Armee wurde auch Wellington in seiner zerstreuten, von Gent bis Lüttich sich erstreckenden Aufstellung festgehalten.

Plötzlich concentrirte aber Napoleon seine Armee am 13. Juni bei Avesnes, drang am 14. gegen Beaumont, am 15. über die Sambre vor und schlug die Preußen am 16. bei Ligny, wodurch sie momentan von Wellington getrennt waren.

Durch eine solche getheilte Aufstellung auf der Rokade-Linie erreicht man den Zweck der Täuschung leichter und dann kann die Truppen-Masse auf einem beliebigen Puncte zusammen geschoben werden. Sehr schwer ist es aber, eine große Armee, die anstatt nach der Breite, nach der Tiefe aufgestellt ist, concentrirt auf irgend einen Punkt zu werfen, besonders wenn die erste Aufstellung am Endpuncte der Rokade-Linie erfolgt war.

Es wurden daher alle strategischen Grundsätze bei Seite gelassen, als man die österreichische Armee auf den beiden Operationslinien Zwittau — Brünn und Littau, Olmütz, Prerau — Kremsier aufstellte.

Man stand am 15. Juni in dem Dreiecke Hohenmauth, Leipnik, Auspitz mit folgenden Seitenlängen

Hohenmauth — Leipnik . 16¾ ⎫
Leipnik Auspitz . . 15³ ⎬ Meilen.
Auspitz — Hohenmauth . 18 ⎭

Der Umstand, daß die einzige Hauptcommunication nach Böhmen auf dem linken Flügel lief, machte eine Rotirung nach dieser Richtung mit einer solchen Truppenmasse sehr schwierig.

Für den Fall also, daß man sich vorderhand auf die Defensive beschränken und den Gegner durch die erste strategische Aufstellung über den eigentlichen Zweck, den man vor hatte, im Dunkeln lassen wollte, wäre folgende Aufstellung angezeigt gewesen:

1. und sächsisches Corps, besetzen mit $1/3$ ihrer Stärke die Pässe von der Elbe bis zum Riesengebirge. Die Pässe werden verschanzt (mit Verhauen), für die taktischen Reserven gute Stellungen ausgesucht und vorbereitet. $2/3$ beider Corps stehen als strategische Reserve zwischen Turnau und Jung-Bunzlau echellonirt, Hauptkraft bei Turnau.

2 Brigaden des 1. Corps mit 4 Escadronen leichter Cavallerie bewachen die Uebergänge nach Glatz, über Trautenau nach Schweidnitz und Striegau.

1 Corps bleibt auf dem rechten Flügel bei Olmütz mit Bewachung der Uebergänge, die nach Schlesien führen.

1 Corps steht bei Kollin,
1 „ „ Pardubitz,
1 „ „ Böhmisch Trübau,
1 „ „ Deutsch Brod und Iglau,
1 „ zwischen Zwittau und Blansko,

Reserve Cavallerie auf der Linie Iglau, Groß-Meseritsch und Bistritz.

Aus dieser Aufstellung konnten, mit Ausnahme des Flügelcorps, das eine besondere Aufgabe erhalten mußte, alle Corps binnen 5—6 Tagen bei Turnau oder bei Königinhof vereinigt sein. Auch wäre die Verpflegung leichter gewesen, da Böhmen das Nöthige zum größten Theile selbst in die Magazine liefern konnte.

Große Magazine wären in Kollin, Pardubitz, Königgrätz, Iglau und in Olmütz zu etabliren gewesen. Der nöthige Nachschub in diese Magazine mußte auf der Wien—Prager Eisenbahn erfolgen.

Das Hauptquartier konnte Anfangs in Olmütz bleiben, bis sich die Operationen des Gegners entwickelten und seine Absichten zeigten.

Die baierische Armee hätte, um Kräfte des Gegners auf sich zu ziehen, auch in diesem Falle über Hof gegen Chemnitz und

Dresden operiren, und den oben geschilderten Plan fest einhalten müssen, wobei sie sich keiner Niederlage aussetzte, der österreichischen Haupt-Armee aber ersprießliche Dienste leistete.

Operationsplan für die auf dem westlichen Schauplatze zum Operiren bestimmten Kräfte.

Hier waren folgende Kräfte in Verwendung gebracht:

die Hannoveraner mit .. 18,000 Mann
„ Hessen-Casseler „ .. 9,000 „
8. Bundes-Corps „ .. 53,000 „
Summa 80,000 Mann.

Ihre Aufgabe war, die preußischen Rhein Provinzen von der Hauptmasse des preußischen Staates zu trennen, und die dort aufgestellten Kräfte abzuschneiden.

Da aber die Truppen, in 3 Massen getheilt, weit auseinander standen, so war zuerst die Vereinigung derselben nothwendig, daher die Hannoveraner bei Zeiten wohlgerüstet ihre Hauptstadt verlassen und Kassel zueilen mußten, um sich hier mit den Hessen zu vereinen und zu verhüten, daß sie nicht selbst abgeschnitten würden. Das 8. Bundes-Armee-Corps mußte gleichfalls seine Organisation rasch zu vollenden, und sich mit den Hessen und Hannoveranern zu vereinigen trachten, worauf dann mit vereinten Kräften die Operationen gegen die preußische Main - Armee fortgesetzt werden konnten.

Hätte man nach dieser Andeutung einen, alle disponiblen Kräfte umfassenden Kriegsplan in Wien entworfen, und die Bereitwilligkeit der Bundesgenossen zu dessen Durchführung erlangt, so ist wohl anzunehmen, daß Oesterreich trotz der besseren finanziellen Lage, der höhern Intelligenz und dem Zündnadelgewehre seines Gegners einen entscheidenden Sieg errungen haben würde.

Preußen.

Während nur 3 Divisionen: die von Schleswig nach Hannover marschirende Division Manteuffel, die bei Minden stehende

Division Göben — und endlich die aus den Festungsbesatzungen Mainz, Coblenz ꝛc. ꝛc. gebildete und bei Wetzlar aufgestellte Division Bayer, — (unter dem Namen der Mainarmee), in der Stärke von 50,000 Mann, zu den Operationen auf dem westlichen Kriegsschauplatz bestimmt waren, wurde die Hauptmacht Preußen's über 280,000 Mann auf dem östlichen, entscheidenden Operationsschauplatze aufgestellt.

Die Elbe-Armee stand zwischen Halle und Torgau, — die 1. Armee zwischen Görlitz und Hoyerswerda, die 2. Armee zwischen Schweidnitz, Neisse und Breslau.

Diese Aufstellung war sehr ausgedehnt, und kann nur in Hinsicht auf die noch fehlerhaftere der österr. Armee gut geheißen werden. Nothwendig war jedoch, daß diese weite Aufstellung gleich beim Beginne der Operationen durch ein energisches, rasches Vorgehen verbessert und die Nachtheile derselben aufgehoben wurden, da sonst der Leiter der Operationen der preußischen Armee den strategischen Durchbruch für den österreichischen Feldherrn vorbereitet und demselben die Gelegenheit, die preußischen Colonnen en detail zu schlagen, gar zu sehr in die Hand gespielt hätte.

Hauptaufgabe der Preußen mußte daher sein:

1. Sich so schnell als möglich des wichtigen Manövrirpunctes Dresden zu bemächtigen, sodann

2. gleich nach erfolgter Kriegs-Erklärung in Böhmen einzudringen und den strategischen Aufmarsch der drei vereinten Armeen zwischen der Elbe und der Iser zu vollführen.

Hierbei konnten alle drei Armeen nur dann vereinigt werden, wenn die baierische Armee anstatt die Direction über Hof gegen Dresden eine excentrische gegen Nordwest einschlug.

Manövrirte sie aber über Hof, so hätte dies die preußische Elbe-Armee von der Hauptmacht abgezogen, da dann an ein Vordringen in den böhmischen Kessel mit den vereinten Kräften aller drei Armeen gewiß nicht zu denken war.

So wäre also bei Ausführung des früher angedeuteten gemeinsamen Operationsplanes durch das Vorgehen der Baiern die Aufgabe der österreichischen Armee wesentlich erleichtert worden.

Blieb Oesterreich defensiv hinter dem Gebirge Böhmen's und Mähren's, so konnte nur ein energisches Vorgehen die Vereinigung der Kräfte erzielen. Daß die Hauptoperationslinie Berlin—Kollin von der Hauptmacht Preußens eingeschlagen wurde, war ganz richtig, da dadurch die österreichische Armee ganz vom westlichen Kriegsschauplatze abgeschnitten ward. Ein Vordringen von Preußisch - Schlesien aus mit der Hauptmacht wäre eine zu excentrische Operation gewesen. Man gab dabei das Hauptsubject (Berlin) preis, und setzte sich im Falle der Niederlage der Gefahr aus, an die russisch-polnische Grenze geworfen zu werden.

Wie wir später bei der Darlegung der Operationen sehen werden, hat der preußische Heerführer nicht jene Energie entwickelt, welche beim concentrischen Vorgehen aus einer ausgedehnten strategischen Aufstellung nöthig war, da trotz der so fehlerhaften strategischen Aufstellung der österreichischen Armee, es dieser doch gelang, den Aufmarsch bei Königinhof und Josephstadt zu vollbringen, wodurch der strategische Durchbruch zwischen der Armee des Kronprinzen einerseits, und jener des Prinzen Carl von Preußen und der Elbe - Armee anderseits, vollkommen bewerkstelligt war.

Hätte der österreichische Feldherr dieses ihm vom Feinde selbst dargebotene, nie anzuhoffende Glück gleich erfaßt und benützt, so würde die gelehrte militärische Welt mit vollem Rechte ebenso über die strategische Unkenntniß des preußischen Heerführers losziehen, als es nach dem Feldzuge mit dem österreichischen Feldherrn geschehen ist.

In dem hier errungenen Erfolge sehen wir nicht das Resultat höherer strategischer Conceptionen, sondern die Macht des blinden Glückes.

Es haben sich in dieser Hinsicht weder die Preußen noch die Oesterreicher etwas vorzuwerfen. Feldherren in wahrem Sinne des Wortes besaß weder die eine noch die andere Macht.

Dieser Mangel eines wahren Feldherrngepräges und erleuchteter Führung wird bei den Operationen der preußischen Haupt-Armee an der Iser und von da gegen Königgrätz ebenfalls hervortreten.

Erst nach der furchtbaren Katastrophe von Königgrätz, welche vollends Verwirrung und Planlosigkeit in der österreichischen Führung erzeugte, — erst dann zeigt sich ein energischer Charakter in der Heeresleitung der Preußen.

Operationsplan für die Main=Armee.

Die Aufgabe dieser Armee mußte eine concentrische Operation der 3 Divisionen gegen Cassel und Hannover mit der Tendenz sein, die Hannoveraner und Hessen von der Mainlinie abzuschneiden. War dies gelungen, dann hatte sich die Armee gegen das 8. und 7. Bundesarmeecorps zu wenden, falls letzteres statt gegen Dresden nach Nordwest operirte.

Wie wir später sehen werden, wurde diese Aufgabe glänzend gelöst, und dabei eine höchst rühmenswerthe Energie entwickelt, daher für einen Kenner diese Operationen mehr Interesse darbieten, als jene der preußischen Haupt Armee. Allerdings kam das planlose Herumtappen der Gegner den Operationen der Mainarmee außerordentlich zu Gute, verringert aber das Verdienst der preußischen Heeresleitung nicht im Mindesten.

Aufstellung der Armeen vor Beginn der Operationen.

Oestlicher Operations=Schauplatz.

Oesterreichische Armee.

Selbe hatte folgende Aufstellung:
1. Armee=Corps F.-Z. M. Graf Clam Gallas in Prag.

Brigade Ringelsheim bei Teplitz,
„ Leiningen „ Theresienstadt,
„ Piret „ Josefstadt,
„ Poschacher „ Jungbunzlau,
„ Abele, „ Jungbunzlau,

Die 1. leichte Cavallerie=Division stand bei Turnau und hatte die Brigade Fratricsevics bis Reichenberg vorgeschoben.

2. Armee Corps. F.-M.-Lieut. Graf Thun in Zwittau.

Brigade Henriquez in Böhmisch-Trübau und Concurrenz,
„ Thom in Landskron,
„ Prinz Württemberg in Mährisch Trübau,
„ Saffran in Zwittau.

4. Armee-Corps. F. M.-Lieut. Graf Festetics in Littau.

Brigade E. H. Josef in Schönberg,
„ Pöth in Hohenstadt,
„ Kopal in Sternberg,
„ Fleischhacker in Littau.

6. Armee-Corps. F.-M. Lieut. Br. Ramming in Prerau.

Brigade Jonak in Groß-Wisternitz,
„ Rosenzweig in Weißkirchen,
„ Waldstädten in Leipnik,
„ Hertwek in Hullein.

10. Armee-Corps. F. M.-Lieut. Br. Gablenz in Blansko.

Brigade Mondel in Czernahora und Concurrenz,
„ Grivičić „ Blansko „ „
„ Knebel „ Sokolnitz „ „
„ Wimpffen „ Brünn „ „

3. Armee-Corps. E. H. Ernst in Brünn.

Brigade Kalik in Holstein,
„ Appiano in Eisgrub und Concurrenz,
„ Oberst Benedek in Mährisch-Krönau und Concurrenz,
„ Kirchsberg in Eibenschitz und Concurrenz.

8. Armee-Corps. E. H. Leopold in Auspitz.

Brigade Fragnern in Billowitz und Concurrenz,
„ Docteur in Austerlitz und Concurrenz,
„ Graf Rothkirch in Groß-Selowitz und Concurrenz,
„ Brandenstein in Pawlowitz und Concurrenz.

2. Leichte Cavallerie-Division G. M. Prinz Taxis. In Freudenthal, Troppau und Concurrenz.

1. Reserve-Cavallerie-Division. F. M.-Lieut. Prinz Holstein-Glücksburg in Proßnitz.
1. Brigade. Prinz Solms in Proßnitz und Concurrenz.
2. Brigade. Schindlöcker in Proßnitz und Concurrenz.

2. Reserve-Cavallerie-Division G. M. von Zaitsek in Kremsier.
1. Brigade. Boxberg in Kremsier und Concurrenz.
2. Brigade. Soltyk „ „ „ „

3. Reserve-Cavallerie-Division G. M. Graf Coudenhove in Wischau.
1. Brigade. Fürst Windischgrätz in Wischau und Concurrenz,
2. Brigade. Mengen in Eywanowitz und Concurrenz.

Wie ersichtlich, stand also die Hauptmacht der österreichischen Armee in einem Dreiecke, dessen eine Seite von dem Theile der von Prag bis Olmütz sich erstreckenden Rokade-Linie, nämlich von der Linie Zwittau — Weisskirchen, — die zweite von der Linie Zwittau—Eisgrub, — die dritte Seite von der Linie Eisgrub—Weisskirchen gebildet wird.

Die Seite Zwittau—Eisgrub beträgt allein bei 18 Meilen. Eisgrub ist von Josephstadt bei 30 Meilen, Weisskirchen bei 28 Meilen entfernt.

Es ist daher leicht zu begreifen, daß, falls die Eisenbahn, welche über Brünn und Olmütz nach Mährisch-Trüban und von da vereint nach Pardubitz führt, für den Transport der Truppen nicht benützt werden konnte, die Corps bei halbwegs energischem Vordringen der Preußen zu spät ihren Aufmarsch zwischen der obern Elbe und der Iser bewerkstelligen, mithin die Vereinigung der 2. Armee der Preußen mit der 1. und der Elbe-Armee nicht hindern konnten; denn die 2. Armee war nur 10 Meilen und die 1. Armee höchstens 18 Meilen von der Linie Gitschin—Josephstadt entfernt, weßhalb sie vor der österreichischen Armee den Aufmarsch daselbst bewirken konnten.

Daß trotz dieser fehlerhaften Aufstellung die österreichische Armee dennoch ihren strategischen Aufmarsch bei Josephstadt vor der Vereinigung der preußischen Armee bewirkte, wirft auf die Dispositionen und die Energie der preußischen Heerführung, wie schon früher erwähnt wurde, kein vortheilhaftes Licht.

Haupt-Magazine für die österreichische Armee waren nur in Ungarisch Hradisch und Göding etablirt.

Wir haben schon beim Operationsplane jene Puncte bezeichnet, wo größere Haupt-Magazine hätten errichtet werden sollen.

Aufstellung der Preußen.

Selbe wurde im Allgemeinen schon früher angegeben. Die Details sind bis jetzt nicht veröffentlicht, und können überdieß, wo es sich um eine Kritik in großen Zügen handelt, leicht entbehrt werden.

Westlicher Operations-Schauplatz.

Hannoveraner in Hannover, Hessen-Casseler in Cassel, 8. Bundes-Armee Corps in Frankfurt am Main sich sammelnd.

Die Baiern zwischen Baireuth und Würzburg.

Preußen.

Division Manteuffel in Harburg,
       „ Göben „ Minden,
       „ Bayer „ Wetzlar.

Alle diese Aufstellungen waren durch die Umstände geboten, daher hierüber weiter nichts zu bemerken ist.

Auch die Aufstellung der Baiern war zweckentsprechend, da sie aus derselben ebenso die Richtung über Hof gegen Dresden, als die gegen Nord = West nehmen konnten.

Beginn der Operationen.

Preußen ergriff die Offensive und zwar mit Recht, da es auch politisch der angreifende Theil war und den Krieg schon seit längerer Zeit vorbereitet hatte.

Die preußische Armee kam daher der österreichischen in der Besetzung des wichtigen Manövrirpunctes Dresden zuvor.

Am 16. Juni rückten die Elbe= und die 1. Armee in Sachsen ein, — am 18. Juni wurde Dresden von der Elbe Armee besetzt.

Die 1. Armee rückte nach Bautzen, Bischofswerda und Zittau vor.

Leipzig, Chemnitz, so wie die von Leipzig und Chemnitz nach Dresden führenden Eisenbahnen wurden durch Detachements besetzt.

Die Vorsicht erforderte letztere Detachirungen, da man doch noch nicht über die Operationen der Baiern im Klaren sein konnte.

Die sächsischen Truppen hatten sich auf das 1. österreichische Armee = Corps nach Böhmen zurückgezogen.

Die 2. preußische Armee blieb in ihrer Aufstellung in Preußisch = Schlesien, weil bis zum 18. bei der österreichischen Armee noch keine Bewegungen geschahen, die auf die Absichten des Feldherrn schließen ließen, und weil diese Armee zur Concentrirung in Böhmen auch den kürzeren Weg zurückzulegen hatte.

Am Tage der Besetzung Dresdens, das ist am 18. Juni, war ein Kriegsmanifest erschienen. Es erfolgte keine Kriegserklärung an Oesterreich: diese war auch nicht nothwendig, da das bisherige Vorgehen Preußen's, die Besetzung Sachsen's, seinen

Zweck, die Hegemonie in Deutschland nun mit dem Schwerte er kämpfen zu wollen, deutlich genug zeigten.

Preußen war daher durch keine Rücksicht mehr gehindert, die Operationen eben so energisch, wie es selbe gegen das unbesetzte, also unvertheidigte Sachsen und seine Capitale Dresden begonnen, auch fortzusetzen.

Seine Kriegsleitung mußte auch in Kenntniß sein, daß die Queue der österreichischen Armee sich noch immer bei 40 Meilen von der böhmisch-sächsischen Grenze entfernt befand, daß daher die überlegene preußische Armee blos den secundären Kräften des 1. Armee-Corps und der Sachsen gegenüberstand, und ihr mithin das Eindringen in Böhmen nicht schwer fallen würde.

Dessenungeachtet sehen wir jetzt schon die Offensive der Preußen ins Stocken gerathen, da das Vordringen gegen Reichenberg schon am 23., dem Tage der Kriegserklärung Preußen's an Oesterreich, hätte stattfinden können, also 2 bis 3 Tage wenigstens früher, als es wirklich erfolgte.

Vorrückung der 1. und der Elbe-Armee.

Beide Armeen wurden am 23. gegen die böhmische Grenze in Marsch gesetzt. Das 2. und 4. Reserve-Cavallerie-Corps der 1. Armee marschirten über Zittau, Grottau, — das 3. Corps von Seideberg, Marklissa und Friedeberg nach Friedland und sodann alle Corps nach Reichenberg, welchen Punct die Avantgarde Division am 24. Juni besetzte. Bei Passirung der Desiléen hatten die Truppen mit vielen natürlichen Hindernissen zu kämpfen, an eine Bereitung künstlicher hatte der Vertheidiger nicht im Entferntesten gedacht.

Am 25. wurde von der Avantgarde Division der Marsch fließend fortgesetzt, ohne den geringsten Widerstand von Seite des Vertheidigers zu finden.

Erst bei Liebenau stieß die preußische Avantgarde auf die Brigade G. M. Poschacher des 1. Armee-Corps. (Clam Gallas.)

Selbe hatte auf den Höhen südlich Liebenau's bei Jiloway Stellung genommen, und mußte sich, von Uebermacht angegriffen, gegen die Iser zurückziehen.

Inzwischen hatte die Elbe-Armee am 23. die Defiléen von Georgenthal durchschritten, und marschirte mit dem 8. Corps über Heida in der Richtung gegen Hühnerwasser, während die 14. Division über Gabel nach Böhmisch-Aicha dirigirt wurde, wahrscheinlich mit dem Zwecke, die Stellung bei Jermonie in Flanke und Rücken zu nehmen. Dies stellte sich freilich später als unnöthig heraus, da der Vertheidiger gar keine Miene gemacht hatte, hier das Vordringen der 1. Armee zu erschweren.

Die letztgenannte Division war am 26. in Aicha eingetroffen und nahm sodann die Direction auf Münchengrätz, um sich mit dem 8. Corps wieder zu vereinigen, und beim Angriffe auf die Iser-Linie mitzuwirken.

Jenes Corps war am 27. Juni bei Hühnerwasser auf die Brigade G.-M. Graf Leiningen des 1. Armee Corps gestoßen und nöthigte dieselbe zum Rückzuge auf Münchengrätz.

Hier hatte Graf Clam-Gallas mit seinem Corps und den Sachsen eine taktisch ziemlich feste Stellung bezogen, die Iser vor der Front und vor dem linken Flügel, während der rechte Flügel sich um den steil abstürzenden Musti-Berg zurückbog.

Die Front war also mehr gegen Norden gekehrt, und die Rückzugslinie befand sich ganz hinter dem rechten Flügel über Sobotka nach Gitschin.

Erst am 28. setzten sich beide preußischen Armeen zum Angriffe dieser Stellung in Bewegung.

Während das 8. Corps der Elbe-Armee die Iser über Weißleim, Kloster, welche Puncte bald genommen wurden, — die 14. Division über Mohelnic zu forciren suchte, drang die 8. Division (Horn), welche am 27. Podol der Brigade Poschacher entrissen hatte, längs der Straße und der Eisenbahn, — die 7. Division (Franceczky) südlich der Straße von Turnau gegen Münchengrätz vor. Die 8. Division fand beim Dorfe Brezin heftigen Widerstand und wurde namentlich durch die, auf dem Musty-Berge sehr vortheilhaft placirten österreichischen Geschütze hart mitgenommen. Erst die Turnirung der 7. Division in der rechten Flanke der österreichischen Stellung machte der 8. Division Luft, und nöthigte den Vertheidiger, den Musky-Berg und damit den taktischen und strategischen Schlüsselpunct der Stellung zu verlassen. Da die Elbe-Armee gleichzeitig auch über die Iser nach Münchengrätz vordrang, so sah sich Clam-Gallas genöthigt, den Rückzug anzutreten und selben in der Nacht über Fürstenbruck fortzusetzen, weil ihm sonst sehr leicht die Straße nach Gitschin verlegt werden konnte.

Am 28. noch wurde das 3. Corps der Preußen bis Rovensko vorgeschoben, während sich das 2. Corps in der Nacht vom 28. auf den 29. des Defilées bei Podkosti bemächtigte.

Am 29. bezog Clam-Gallas eine Stellung vor Gitschin. Die Hauptkraft stand auf dem, von West nach Ost laufenden, nach Norden und Süden ziemlich steil abfallenden Rücken des Brada-Berges, — der rechte Flügel hatte Eisenstadt besetzt, während der linke Flügel bei Lochow à cheval der von Münchengrätz über Sobotka nach Gitschin laufenden Straße einen Haken bildete.

Diese Stellung war taktisch sehr stark, hatte aber ebenso wie jene bei Münchengrätz den großen strategischen Fehler, daß selbe parallel mit der Rückzugslinie lief, so daß, falls der Gegner gut manövrirte, die beiden Armee-Corps unter Clam-Gallas nach Süden geworfen und damit von der zur Haupt-Armee führenden Verbindungslinie abgeschnitten werden konnten.

Zum Glück verstand der Gegner den ihm dargebotenen großen strategischen Vortheil nicht auszubeuten. Er griff die Stellung in ihrer Stärke an.

Während das 2. Armee-Corps am 29. über Sobotka gegen Lochov vordrang, griff das 3. Corps von Libun aus die Stellung in der Front an, bemächtigte sich nach großen Verlusten, die es durch die sehr vortheilhaft placirten Geschütze erlitt, der Orte Zamec und Dilce, warf von hier aus den rechten Flügel der Oesterreicher und nöthigte sie zum Rückzuge, der, wie es scheint, etwas unordentlich nach Gitschin unternommen wurde.

Das 2. Corps war inzwischen nach Luba und Lochov vorgedrungen. In Gitschin kam es zu einem mörderischen Nachtkampfe, in welchem die Preußen Sieger blieben.

Clam Gallas zog sich mit seiner Armee gegen Königgrätz zurück.

Bemerkungen über die Operationen vom 23. bis 29. Juni.

Austro-Sachsen.

Clam-Gallas hatte den Auftrag, die Iser Linie so lange als möglich zu vertheidigen. Diese Vertheidigung konnte nur zum Zwecke haben, dem Feinde das Vordringen nach Kräften zu erschweren, der eigenen Hauptarmee, die am 19. Juni den Marsch aus Mähren nach Böhmen an die obere Elbe begonnen hatte, den strategischen Aufmarsch bei Josephstadt zu ermöglichen, und bis dahin die Vereinigung der beiden getrennten Theile des preußischen Heeres zu hindern. Je besser es dem österreichischen Führer gelang, die Elbe- und die 2. preußische Armee von einander entfernt zu halten, desto mehr erleichterte er die Operationen seines Feldherrn. Um diesen Zweck zu erreichen, mußten schon von der Grenze aus und namentlich bei Ueberschreitung des Lausitzer Gebirges und der Verbindung desselben mit dem Riesengebirge, dem Vordringen des Gegners so viel Hindernisse als möglich bereitet werden.

Die Iser-Linie selbst war schon zu weit von der Grenze entfernt, um hier erst den Vormarsch der Preußen mit Erfolg zu erschweren; sie hat überdies nicht die nöthige Stärke, um mit so untergeordneten Kräften auch nur einen Tag den überlegenen Gegner aufhalten zu können.

Die erste Vertheidigung mußte daher, nach Vereinigung mit den Sachsen, nicht an der Iser, sondern in dem Lausitzer Gebirge und auf den Abfällen des Riesengebirges angestrebt werden.

Freilich hat das Lausitzer Gebirge mit seiner Lage nach Nord-Ost den Nachtheil, daß der Gegner die ganze Linie durch einen Angriff auf den linken Flügel bei Georgenthal umgehen und dadurch den Vertheidiger zum Verlassen seiner Stellung im Gebirge nöthigen kann.

Letzterer erzielt aber dadurch großen Zeitverlust bei dem Angreifer, indem die Hauptmasse seiner Kräfte nicht früher vorrücken kann, als bis sein rechter Flügel, die Elbe-Armee, einen entsprechenden Vorsprung gewonnen hat, da die Rückzugslinie von Liebenau nach Turnau hinter die Iser-Linie und die dortige feste Stellung eine sehr kurze, nur 2 Meilen betragende ist, während Georgenthal von Turnau über 12 Meilen, also bei 4 Märsche Entfernung hat, somit für den Vertheidiger des Gebirges von Liebenau nichts zu besorgen ist.

Hätte der Vertheidiger überdies schon früher in der Herrichtung des Operationsschauplatzes vorgearbeitet, so konnte der Elbe-Armee auch bei nur schwachen Kräften, die in der Richtung gegen Georgenthal aufgestellt wurden, der Vormarsch sehr erschwert werden. Denn sowohl die Straße über Hühnerwasser als jene über Gabel laufen durch Defileen und große Waldungen, konnten daher sehr leicht unpraktikabel gemacht werden.

Eine Forcirung von Reichenberg aus, selbst mit überlegenen Kräften, gehörte auch nicht zu den leichten Aufgaben, wenn die von Reichenberg auf das Plateau von Germanie führenden Wege gesperrt und durch Befestigung der Zugänge vertheidigt wurden.

Dem Feinde wäre es schwer geworden, seine überlegenen Kräfte zu entwickeln und einige kühne Offensiv-Stöße gegen Reichenberg hätten ihm das Vordringen sehr erschwert.

Die Vertheidigung des Gebirges mußte somit als erste Aufgabe betrachtet und die Bewachung desselben nicht der leichten Cavallerie überlassen werden, welche doch nichts anderes leisten konnte, als baldiges Benachrichtigen von dem Vordringen des Gegners. Hiezu hätten einige Escadronen genügt.

Zu einer entsprechenden Vertheidigung des Gebirges hätte sich die Linie der Vortruppen von Grafenstein herwärts über Wetzwald, Hohenwald, Obersdorf, Philippsgrund bis an das Iser-Gebirge erstrecken sollen.

Kratzau und Einsiedel wären die Punkte für die tattischen Reserven gewesen, welche sich auf dem Rückzuge bei Reichenberg vereinigen, und hier in der günstigen Stellung hinter der Stadt so lange als möglich Widerstand leisten mußten.

Die Hauptmacht der strategischen Reserve wäre zwischen Gablonz, Jermanic und Liebenau aufzustellen gewesen, von wo sie sehr leicht offensive Stöße gegen Reichenberg ausführen konnte. Eine nach Gabel detachirte Brigade hätte die vordern Uebergänge leicht besetzen und selbe so ungangbar als möglich machen können.

Ihr Rückzug fand je nach den Umständen gegen Böhmisch-Aicha und Hühnerwasser statt.

Wahrscheinlich würde bei einer derartigen Aufstellung der Austro-Sachsen der preußische Feldherr genöthigt worden sein, mit der Hauptmacht über Georgenthal vorzudringen, wodurch er sich von der 2. Armee noch mehr entfernt und viel Zeit verloren hätte.

Aus dem Ganzen ist daher ersichtlich, daß der Zweck — Zeitgewinn für die Haupt-Armee, — nur durch die Vertheidigung des Grenzgebirges erreicht werden konnte.

Dem österreichischen Führer blieb es dann unbenommen, eine 2. Stellung hinter der Iser bei Turnau zu nehmen, welche jedenfalls strategisch günstiger ist, da die Rückzugslinie nach Gitschin senkrecht auf die Frontlinie läuft, mithin ein Abdrücken der Austro-Sachsen nach Süden kaum möglich gewesen wäre.

Die Stellung bei Münchengrätz und der Vorsatz, hier zuerst dem Angreifer das Vordringen zu erschweren, waren daher nach strategischen Grundsätzen ganz fehlerhaft.

Diese Stellung war gegen die Hauptoperationslinie, welche über Gitschin nach Kollin lief, eigentlich eine Flankenstellung. Selbe konnte den Zweck haben, den Gegner von der Hauptlinie ab und auf sich zu ziehen, was jedoch nur dann zu erreichen war, wenn der überlegene Gegner auch wirklich darauf einging. Folgte er jedoch den richtigen strategischen Grundsätzen, so ließ er diese Flankenstellung nur durch die Elbe-Armee beobachten und

drang mit der Hauptkraft der 1. Armee kühn und energisch gegen
Gitschin vor, um sich dieses wichtigen Punktes zu bemächtigten.

Die Beziehung dieser Flankenstellung hätte dann für die
Austro Sachsen eine sehr fatale Wendung genommen.

Diese Stellung hatte aber auch taktisch den Nachtheil, daß
sie in der rechten Flanke, trotz des steilen Musky-Berges, leicht
zu umgehen war.

Da der Gegner diese Vortheile nicht zu benützen verstand,
so gelang es den Austro-Sachsen, sich mit verhältnißmäßig geringen
Opfern aus der Klemme zu ziehen und Gitschin über Sobotka zu
erreichen.

Dort nahmen sie aber unbegreiflicher Weise eine strategisch
ebenso schlechte Stellung wie bei Münchengrätz. Auch sie lief
parallel mit der Rückzugslinie, und bot dem Gegner die schönste
Gelegenheit, die österreichischen Kräfte von der Rückzugs- und
Vereinigungs-Linie abzudrücken und nach Süden zu werfen.

Die Stellung war scheinbar taktisch stark, hatte aber den
Nachtheil, daß sich die Truppen auf dem ziemlich schmalen Kamme
des Brada-Gebirges nicht entwickeln konnten. Nicht jeder Berg
mit steilen Abfällen bietet zugleich eine günstige Stellung dar.

Preußen.

So wie es Aufgabe der Austro Sachsen war, das Vorgehen
der Elbe- und 1. preußischen Armee so viel als möglich zu retar-
diren, ebenso mußte im Gegensatze hiezu von Seite des preußischen
Feldherrn alle Energie aufgeboten werden, die vorliegenden Hindernisse so schnell als möglich zu überwinden, und alle secundären
Kräfte vor sich niederzuwerfen, um der österreichischen Armee in
ihrem Aufmarsche an der Elbe zuvorzukommen, selbe vielleicht
sogar auf dem Marsche zu überfallen, und schon früher die Vereinigung mit der 2. Armee zu bewirken.

Der preußische Feldherr mußte überdies trachten, die Nach
theile, die durch das getrennte concentrische Vorgehen von Norden
und von Westen her für die preußische Operation sich nothwendig
ergaben, so schnell als möglich zu beheben.

Wir haben schon bei der Kritik des Operationsplanes das Ungünstige der ersten strategischen Aufstellung in Schlesien und an der Grenze Sachsen's bis Halle hervorgehoben, und angedeutet, daß, wenn der preußische Feldherr nicht vor Beginn der Operationen seine Kräfte zu vereinigen verstand, und aus dieser Aufstellung concentrisch vorrückte, er dadurch dem österreichischen Feldherrn die schönste Gelegenheit darbot, sich zwischen die zwei, durch das ziemlich unwegsame Riesengebirge getrennten Heeresmassen zu werfen, und selbe en detail zu schlagen.

In der That hatte die preußische Führung, ohne jede Nöthigung von allem Anfange her den strategischen Durchbruch der eigenen Armee vollzogen.

Es ist wohl begreiflich, daß das Vorrücken mit so colossalen Heeresmassen über das Lausitzer und Iser-Gebirge hinsichtlich der Verpflegung, der Entwickelung 2c. mit großen Nachtheilen verbunden war. In Folge dessen wäre der Marsch sehr verzögert worden, und man hätte nicht verhindert, daß der Aufmarsch der österreichischen Armee in Böhmen rechtzeitig und in Ordnung hätte vollbracht werden können. Jedenfalls wäre es aber gerathener gewesen, die Kräfte beisammen zu halten, als sich der Gefahr auszusetzen, en detail geschlagen zu werden.

Daß der österreichische Feldherr die großen Vortheile, die ihm der preußische Heerleiter aus freien Stücken bot, nicht zu benützen verstehen würde, konnte unmöglich in die Berechnung gezogen werden.

Also energisches Vordringen, rücksichtsloses Niederwerfen aller secundären Kräfte und Trennung derselben von der Haupt-Armee war die Aufgabe der preußischen Heeresleitung.

Wie wir aber aus der kurzen Skizze der Operationen ersehen haben, wurde weder Energie noch richtiges strategisches Verständniß entwickelt.

Die Operationen wurden um 2 bis 3 Tage zu spät eröffnet.

Am 24. Juni stand die 1. Armee bei Reichenberg. Die kurze Distanz bis an die Iser zurückzulegen, benöthigte man 3 volle Tage, während dieser Fluß von Reichenberg aus, in einem Marsche erreicht werden konnte.

Nach dem Avantgarde-Gefechte bei Liebenau boten sich der 1. Armee nun zwei Directionen zum Vorrücken dar, entweder über Podol gegen Münchengrätz, oder über Turnau nach Gitschin. Letztere Linie war die Hauptoperationslinie. Auf derselben lag Gitschin, der wichtige strategische Punct, von dessen früherer Erreichung es abhing, ob die Austro-Sachsen unter Clam-Gallas an ihrer Vereinigung mit der Haupt-Armee verhindert werden konnten.

Ein kräftiges, energisches Vorgehen in dieser Richtung mit der Elbe-Armee hätte Clam-Gallas augenblicklich zum Verlassen der Stellung bei Münchengrätz genöthigt, und es ist höchst problematisch, ob es ihm möglich gewesen wäre, Gitschin vor den Preußen zu erreichen, da Turnau näher an diesen Ort ist, als Münchengrätz.

Dadurch wäre der Kampf und der damit verbundene Verlust im Treffen bei Münchengrätz vermieden worden und das Resultat höchst wahrscheinlich ein größeres gewesen.

Anstatt aber direkt auf das entsprechende Operations-Object vorzudringen, sehen wir die große preußische Armee unnütze und zeitraubende Umwege machen.

Wollte man dies damit entschuldigen, daß man der Elbe-Armee Luft zu machen, und sich mit ihr zu vereinigen streben mußte, so wird es wohl erlaubt sein, dies bei der großen Ueberlegenheit der Elbe-Armee, die allein doppelt so stark war, als die Austro-Sachsen, als unnöthig zu bezeichnen und zu bemerken, daß durch einen energischen Stoß auf Gitschin der Elbe-Armee am schnellsten Luft gemacht worden wäre.

Die Aufgabe war, die innere Linie zu gewinnen, und nicht durch die Bewegung auf einem weiten Bogen die secundären österr. Kräfte gegen die Hauptkraft zu drücken, statt sie von selber abzudrängen.

Auch nach dem Treffen von Münchengrätz sehen wir die preußische Armee ihre Operationen mit der Hauptkraft im Bogen, also auf der Peripherie fortsetzen, indem von der 1. Armee das 2. und 3. Corps gegen Sobotta, — die Elbe-Armee in noch weiterm Bogen über Unter-Bautzen nach Liban gegen Gitschin in

Bewegung gesetzt werden, während das 3. Corps über Rowensko auf der kürzesten Linie vordringt.

Dadurch waren die preußischen Truppen zu einem Frontalstoße genöthigt, der bei der Stärke der Stellung mit großem Verluste verbunden war.

Wie ganz anders und wie leicht hätte sich die Lösung der Aufgabe gestaltet, wenn die preußische Heeresleitung folgende Dispositionen getroffen hätte:

„Die Elbe = Armee setzt ihren Marsch gegen Münchengrätz „fort, greift die Iser=Linie an und sucht Clam Gallas dortselbst „festzuhalten."

„Die 1. Armee marschirt am 28. nach Gitschin und sendet „Cavallerie und leichte Truppen vor, um sich dieses Punktes zu „bemächtigen."

Schon an diesem Tage konnten die Austro=Sachsen von der eigenen Haupt=Armee abgeschnitten sein.

Gelang es dem Grafen Clam = Gallas dennoch, durch einen forcirten Marsch Gitschin zu erreichen, so kamen seine Truppen jedenfalls dort so ermüdet an, daß selbe kaum kampffähig gewesen wären.

Auch konnte dann die 1. preußische Armee eine bedeutende Macht zur Umgehung über Eisenstadt vorsenden, wodurch der Angriff in der Front überflüßig geworden wäre.

Sollen wir daher über die Operationen beider Theile vom 23. bis inclusive 29. Juni ein Urtheil fällen, so müssen wir uns unparteiisch dahin aussprechen, daß weder von der einen noch von der anderen Seite ein richtiges Verständniß der strategischen Grundsätze, sowie das erforderliche Maß von Energie und Geist entwickelt wurde, und es kann nur als ein Beweis von Unwissenheit oder hoher Selbstüberschätzung gelten, die preußische Heeresleitung in gleiche Linie mit der Cäsar's, Napoleon des I. ɔc. setzen zu wollen. Zwischen beiden Vergleiche anzustellen und Aehnlichkeiten zu finden, heißt nur einen neuen Beitrag zur Bekräftigung des Satzes: „Vom Erhabenen zum Lächerlichen nur ein Schritt" liefern.

Ich spreche hier ohne Vorurtheil, und ohne der Phantasie irgend welchen Spielraum zu lassen; meine Erwägungen beruhen auf dem sorgfältigen Studium von Thatsachen, und jener vergleichenden Kriegsgeschichte, welche den besten Gradmesser für die Tüchtigkeit der Heeresleitung und der Forderungen abgibt, die man an selbe zu stellen berechtigt ist.

Operationen der österreichischen Haupt- und der preußischen 2. Armee bis incl. 30. Juni.

An dem Tage, an dem die preußische Elbe-Armee Dresden besetzte, und auch die 1. Armee in Sachsen einrückte, begann die österreichische Armee ihren Links-Abmarsch nach Böhmen.

Das 2. Corps, welches bei Zwittau und Concurrenz stand, hatte den Auftrag, Landskron, Grulich, Wichstadt und Gabel zu besetzen, und derart den Flankenmarsch der österreichischen Armee gegen Preußisch-Schlesien zu decken.

Nach Maßgabe, als die Quene der Armee passirt, hatte dieses Corps nach Senftenberg zu rücken, und dort mit der Front gegen Preußisch Schlesien Stellung zu nehmen.

Die Armee wurde in vier Linien gegen Josephstadt in Marsch gesetzt.

Auf der 1. Linie:

Olmütz, Mährisch Trübau, Landskron, Statina, Solnič, Opočno, Josephstadt rückten vor:

Das 4., das 10. und das 6. Armee Corps, ferner die erste Reserve Cavallerie und die 2. leichte Cavallerie Division.

Auf der 2. Linie:

Zwittawka, Brüsau, Abtsdorf, Wildenschwert, Wamberg, Tynist, Josephstadt.

Das 3. und 8. Armee Corps, die 3. Reserve-Cavallerie-Division und das Hauptquartier.

Auf der 3. Linie:

Proßnitz, Kunstadt, Polička, Leitomischl, Hohenmauth, Holič, Königgrätz.

Die 2. Reserve Cavallerie Division, die Armee Geschütz Reserve unter Bedeckung eines Cavallerie Regiments dieser Cavallerie-Division.

Auf der 4. Linie:

Eibenschitz, Tischnowitz, Rojinka, Neustadtl, Swratka, Chrast, die erste Hälfte, auf der Linie Krzizanau, Saar, Kreuzberg, Rassaberg, die zweite Hälfte des Munitions = Partes der Armee, der nach Pardubitz bestimmt wurde.

Das 1. und 6. Pionnier = Bataillon mit 8 Kriegsbrücken-Equipagen und 1 Bataillon des 1. Genie = Regiments wurden mittelst Eisenbahn nach Böhmen befördert.

Der Aufmarsch der 1. und 2. Colonne bei Josephstadt hätte nach dem ursprünglich entworfenen Marschplane erst am 28. und 29. vollendet sein sollen.

Der plötzliche Einmarsch der Preußen nach Sachsen scheint aber eine Beschleunigung des Marsches nöthig gemacht zu haben, in Folge dessen das 4. Armee Corps schon am 25. bei Königinhof, und bei Josephstadt am 25. das 3., am 26. das 8. Armee-Corps eintrafen.

Der Marsch der ganzen Armee wurde so eingeleitet, daß die Corps, sobald sie in die Nähe der Grenze kamen, jeden Tag auf marschiren und in die Schlachtordnung rücken konnten.

Die Dispositionen dieses Marsches sind im Allgemeinen richtig gehalten; sie wurden den Umständen entsprechend gut entworfen und ausgeführt.

Der Hauptvorwurf resultirt jedoch aus der langen Verzögerung mit diesem Abmarsche aus der schon früher gerügten, fehlerhaften Aufstellung der Haupt Armee in Mähren.

Diese Zögerung und das so lange Verharren in dieser, von der Hauptoperationslinie Wien — Berlin so entfernten Aufstellung, hatte die nachtheiligen Folgen, daß die Truppen die bei 25 bis 30 Meilen betragende Strecke in 7 bis 8 Tagen ohne Rast, mithin beinahe täglich $3^1/_2$ Meilen zurücklegen mußten.

Zur Hinterlegung eines solchen Raumes befanden sich die

meisten Truppen, da Corpsweise marschirt wurde, beinahe 15 bis 16 Stunden täglich auf dem Marsche.

Es war daher leicht abzusehen, daß selbe höchst ermüdet bei Josephstadt ankommen und falls sie, wie zu vermuthen, gleich in den Kampf gejagt würden, diesen mit erschöpften Kräften durchführen mußten.

Auch konnte bei derartiger Hetzjagd auf eine regelmäßige, gesicherte Verpflegung wohl kaum gerechnet werden, um so mehr, als man es unterlassen hatte, in Pardubitz, Zwittau, Königgrätz ꝛc. größere Magazine anzulegen.

Daß der Marsch beschleunigt wurde, war ganz entsprechend, da Benedek jedenfalls trachten mußte, mit seiner Armee die innere Linie zu gewinnen, und die Vereinigung der 2. mit der 1. und der Elbe-Armee zu verhindern.

Die Absicht gelang ihm auch, aber mit erschöpften Truppen. Wie ganz anders würde die Vereinigung der Armee bei Josephstadt erfolgt sein, wenn die österreichische Armee sich nach der von mir bezeichneten Weise aufgestellt, und die nöthigen Magazine vorgefunden hätte. — Man ersparte wenigstens 3 bis 4 Tage, die Truppen wären nicht überhetzt und nicht schlecht verpflegt auf dem Kampfplatze erschienen.

Am 26. hatte der österreichische Feldherr seine Hauptmacht zwischen Opočno und Königinhof vereinigt.

Das 6. Corps stand bei Opočno, das 3. Corps bei Josephstadt, das 10. Corps bei Schurz, das 8. Corps bei Tynist, die 3. Reserve- und die 2. leichte Cavallerie-Division bei Josephstadt und Smirič südlich dieser Festung. Nur das 2. Armee-Corps stand an diesem Tage noch bei Senftenberg, 3 Märsche von Josephstadt, wahrscheinlich zur Flankendeckung gegen Gabel und Grulich.

Selbst dieses Corps konnte am 28. mit der Haupt-Armee vereinigt sein.

Durch diesen strategischen Aufmarsch bei Josephstadt hatte der österreichische Feldherr die innere Linie erlangt und stand nun zwischen den beiden, durch das Riesengebirge getrennten, in gerader

Linie über 8 deutsche Meilen von einander entfernten Armee Theilen der Preußen. Denn soviel beträgt die Entfernung von Goldenöls, wohin der rechte Flügel der 2. Armee (1 Corps) am 28. zurückgeworfen ward bis zur Jser-Linie (Turnau), welche die Elbe-Armee erst am 27., die 1. am 28. erreichte.

Der österreichische Feldherr hatte nun einen immensen Vortheil über die preußische Armee, einen Vortheil, wie er im ganzen Laufe der Geschichte nur in seltenen Fällen durch die fehlerhaften Operationen des Gegners geboten wird.

Benedek's Soldatenglück verfolgte ihn bis zum letzten Momente seines militärischen Wirkens, es bot ihm die schönste Gelegenheit zu einem durchschlagenden, leicht zu erkämpfenden Siege, zu einem Erfolge, wie er nicht größer gedacht werden kann.

Allein der österreichische Feldherr verstand es nicht, von der so günstigen Situation Gebrauch zu machen. Ohne gehörige Einsicht in die Natur der Umstände, ohne Erfassen des Zusammenhanges zwischen Ursache und Wirkung, ohne jene kraftvolle Energie, die entschlossen auf das nächste Ziel losgeht, blieb die günstige Gestaltung der Dinge, durch des Feindes fehlerhaftes Vorgehen verursacht, für ihn verloren. Es fehlte hier ebensosehr an jenem intensiven, durchdringenden Verstand, der eine Sachlage rasch zu erfassen im Stande ist, wie an jenem kräftigen Willen, der die Frictionen in der Ausführung siegreich überwindet. Der Feldherr, welcher ohne höheres strategisches Wissen, ohne jene Menschenkenntniß, die sich in der Wahl und Verwendung seiner Umgebung zeigt, das Commando übernommen hatte, verließ sich auf das Glück und den Zufall, welche ihn bisher in untergeordneten Befehlssphären so ungewöhnlich begünstigt hatten.

Sie wurden ihm nicht untreu und doch sah er sich hilflos in einer so verantwortlichen Stellung seiner eigenen Schwäche, und dem drängenden Augenblicke gegenübergestellt.

Kehren wir zu den Thatsachen zurück und sehen wir, wie Benedek den großen Vortheil seiner strategisch so günstigen Lage zu benützen verstand.

Das 10. Armee-Corps war schon am 26. gegen Neu-Rognitz

in der Richtung gegen Trautenau vorgeschoben worden; dessen Avantgarde hatte Trautenau besetzt. Selbe wurde von dem 1. preußischen Armee-Corps angegriffen und zur Räumung der Stadt genöthigt. — Das Gros dieses Corps hatte südlich von Trautenau Stellung genommen, nahm die sich zurückziehende Avantgarde auf, empfing den Gegner mit einem verheerenden Kanonenfeuer, und ging bald darauf selbst zum Angriffe vor.

Das preußische Armee-Corps wurde geworfen, und mußte sich bis Goldenöls zurückziehen, wo es auch am 28. verblieb, wahrscheinlich um sich zu erholen und zu reorganisiren, da es im Kampfe am 27. sehr viel gelitten hatte.

Während dergestalt die Oesterreicher auf ihrem äußersten linken Flügel siegreich vordrangen, waren ihre Unternehmungen am rechten Flügel von weniger günstigem Erfolge gekrönt.

Das 6. Armee Corps hatte den Befehl erhalten, dem Feinde das Vordringen aus dem Defilée von Nachod zu verwehren, und die Spitze wieder in dasselbe zurückzuwerfen. Diesem Corps war die erste Reserve-Cavallerie-Division zugetheilt.

Die preußische Avantgarde wurde geworfen, es konnte aber dessenungeachtet der Aufmarsch des 5. Armee-Corps mit der Division Kirchbach rechts, und mit der Division Löwenfeld links der Straße, nicht verhindert werden. Eine erfolgreiche Attake gegen die Cürassier-Regimenter der ersten Reserve-Cavallerie-Division machte dem General Steinmetz Luft, und er benützte dies, um nun selbst zum Angriffe vorzugehen. Das 6. Armee-Corps (Ramming) wurde nach hartem Kampfe geworfen und mußte sich bis Skalitz zurückziehen, wo es vom 8. Armee-Corps aufgenommen ward.

Außer dem 6. und 10. Corps kam am 27. kein anderes Corps ins Gefecht. Das Ergebniß desselben war: Sieg der Preußen auf ihrem linken, Niederlage auf ihrem rechten Flügel, und somit keine Entscheidung.

Gefechte am 28. bei Burgersdorf und bei Skalitz.

Um dem eigenen rechten Flügel Luft zu machen, wurden am 28. die beiden Garde-Divisionen zum Vorrücken beordert. Selbe waren am 26. Juni von Wünschelburg und Neurode aufgebrochen, und am 27., und zwar die 1. Garde-Division bei Eipel, die 2. bei Kostelec eingetroffen, mithin an diesem Tage zu weit entfernt, um das 1. oder das 5. Armee-Corps unterstützen zu können.

Das Garde-Corps überschritt um 5 Uhr Morgens die Aupa, die 1. Garde-Division im ersten, die 2. im zweiten Treffen und en reserve. Zur Deckung der rechten Flanke wurden zwei Bataillone gegen Trautenau beordert.

F.-M.-Lieut. Gablenz, der den Erfolgen am 27. gemäß, mit der Front gegen Trautenau stand, und der es unterlassen zu haben schien, seine rechte Flanke in der Richtung gegen Eipel aufklären zu lassen, war durch obiges Vorrücken des Garde-Corps genöthigt, unter dem Schutze der bei Rognitz und Burgersdorf aufgestellten Corps-Geschütz-Reserve seine Front zu verändern. Durch das verheerende Feuer der 8 Batterien wurde die Avantgarde des Garde-Corps aufgehalten. Letzteres war energisch herangerückt, griff nun Burgersdorf an und nahm diesen Ort.

Die österreichische Brigade, welche Trautenau besetzt hatte, wurde gegen Alt-Rognitz dirigirt, hier von den, in die Flanke des Garde-Corps detachirten zwei Bataillons und von der 2. Garde-Division, welche von Eipel sich dahin gewendet hatte, angegriffen und nach Trautenau zurückgeworfen, dieser Ort von den Preußen erstürmt und die österreichische Brigade total gesprengt.

Das 10. Armee-Corps hatte in diesem Gefechte bedeutende Verluste erlitten, und zog sich über Pilnikau zurück; die Brigade Fleischhacker deckte hierbei die rechte Flanke.

Während das preußische Garde-Corps im Centrum siegreich vordrang, war die Action des linken Flügel unter General Steinmetz gleichfalls erfolgreich.

Ein Versuch des 6. österreichischen Armee-Corps, unterstützt von dem 8. Corps, die Preußen in das Defilée von Nachod wieder zurückzuwerfen, mißlang, und beide Corps nahmen dann Stellung bei Stalitz.

Hier wurden sie vom 5. preußischen Armee Corps, dem das 6. Corps auf dem Fuße folgte, angegriffen und nach Josephstadt mit bedeutendem Verluste zurückgeworfen.

Am 29. drangen beide preußische Armee-Corps gegen Josephstadt, und die 1. Garde-Division gegen Königinhof vor, aus welchem Orte die österreichischen Truppen zum Rückzuge genöthigt wurden.

Die Aufstellung der 2. Armee am 29. war folgende:

Das 5. und 6. Armee-Corps bei Gradlitz mit einem Beobachtungs-Detachement vor Josephstadt.

Die 1. Garde-Division bei Königinhof, — die 2. Garde-Division bei Prausnitz, — das 1. Corps, die Cavallerie-Reserve bei Trautenau.

Die österreichische Haupt-Armee befand sich an diesem Tage auf dem Rückzuge in die, vor der Festung Königgrätz hergerichtete Stellung, bei Sadowa, und zwar das 10. Armee-Corps über Aupa, das 4. Armee-Corps über Groß-Bürglic, die übrigen Armee-Corps über Jaromir bei Josephstadt. Auch das 2. Corps, welches erst am 27. aus seiner beobachtenden Stellung bei Senftenberg zur Armee gezogen worden, ward in gleiche Richtung dirigirt.

Wir sehen daher eine Armee von beinahe 200,000 Mann im Rückzuge vor kaum 120,000 Mann, und sehen die Aufgabe, die der österreichische Feldherr nach bewirktem Gewaltmarsche aus Mähren an die obere Elbe, und nach vollbrachtem Aufmarsche daselbst sich doch setzen mußte, ungelöst.

Diese Lösung hätte in den drei Tagen des 27., 28. und 29. erfolgen sollen.

Am 27. und 28. stand die Elbe und die 1. Armee noch an der Iser, am 29. im Kampfe vor Gitschin gegen die Austro-Sachsen.

Fragen wir nun, welche Aufgabe zu lösen dem österreichischen Feldherrn oblag, so ist klar ersichtlich, daß es keine andere gab, als sich mit gesammter Kraft auf die Armee des Kronprinzen zu werfen, selbe nachdrücklich zu schlagen, und sodann durch zwei Armee-Corps und eine Cavallerie-Division verfolgen zu lassen.

Benedek hatte durch seinen Aufmarsch bei Josephstadt und Königgrätz die Armee der Preußen strategisch durchbrochen.

Welche Regeln schreibt nun die Theorie für das fernere Verhalten nach bewirktem strategischen Durchbruche vor?

Es muß die am nächsten stehende Kraft des Gegners, und zwar der innere Flügel derselben, angegriffen und mit Energie geworfen werden, während eine secundäre Kraft den andern Theil des Gegners festhält oder wenigstens sein Vordringen so viel als möglich erschwert.

Eine dieser secundären Kraft, beiläufig gleich große Truppenmasse, wird nach bewirktem Siege zur Verfolgung bestimmt, während die Haupt-Armee umkehrt und sich nun auf den anderen Theil des Gegners wirft.

Alle diese Operationen müssen ohne Zeitverlust mit ganzer Energie und in einer Periode unternommen werden, in welcher die beiden getrennten Theile des Gegners noch wenigstens 2 bis 3 Märsche von einander entfernt sind, da man bei einem Mißerfolge leicht in die taktische Mitte genommen werden und eine traurige Katastrophe erleiden könnte.

Vergleichen wir nun die Operationen Benedek's am 27., 28. und 29., also in den Tagen, in welchen die Elbe- und die 1. Armee der Preußen noch über zwei Märsche von der Elbe entfernt stand, so finden wir, daß der österreichische Feldherr keine dieser Regeln befolgt hat.

Der rechte Flügel der 2. Armee war der innere, er mußte daher mit Entschiedenheit angegriffen und geworfen werden.

Hätte man hiezu außer dem 10. auch noch das 4. und 3. Armee-Corps, ferner 1 bis 2 Cavallerie-Divisionen verwendet, so besaß man alle Garantien eines mächtigen und entscheidungsreichen Erfolges.

Das 6., 7. und 8. Corps zu welchen auch das 2. Armee Corps, welches unnützerweise solange zur Beobachtung bei Teuj tenberg aufgestellt blieb, stoßen konnte, wären mehr als hinreichend gewesen, das 5. und 6. preußische Armee-Corps bei Nachod festzuhalten, sie sogar vielleicht aus dem Defilée herauszulocken, und sie sodann mit aller Macht anzufallen und zu werfen. Eine gegenseitige Unterstützung der in drei Colonnen auf einer Linie von wenigstens vier deutschen Meilen Front Ausdehnung vordringenden, durch schwierige Defiléen getrennten Corps der 2. preußischen Armee wäre faktisch unmöglich gewesen.

Im Jahre 1797 bot die unter Alvinzi aus Tirol debouchirende österreichische Armee den Franzosen keine so günstige Gelegenheit, sie en detail zu schlagen und wie wurden die Operationen von den preußischen Schriftstellern, namentlich Klausewitz, an den Pranger gestellt, hauptsächlich nur deswegen, weil der Erfolg nicht auf Oesterreich's Seite war.

Nicht besser drang die preußische Armee 1866 in den böhmischen Kessel ein. Die ganze Masse der Kräfte war in zwei Gruppen getheilt: die erste bildete die Elbe- und die 1. — die zweite Gruppe die 2. preußische Armee. Beide Gruppen waren über 12 Meilen und noch dazu durch das ziemlich unwegsame Iser- und Riesengebirge getrennt.

Aber auch diese Gruppen drangen, in mehrere Colonnen getheilt, vor. Die 2. Armee rückte auf 3 Linien vor, welche durch Defiléen und Gebirge von einander getrennt waren; die Operations-Front betrug über 4 deutsche Meilen.

Welche herrliche Gelegenheit wurde daher dem österreichischen Feldherrn geboten, diese verschiedenen Colonnen und Gruppen en detail zu schlagen, da er doch jeder dieser zwei Gruppen bedeutend überlegen war.

Alvinzi drang mit seiner Armee nur mit einer Operations-Front von 1½ deutschen Meilen vor, und wurde von Kräften geschlagen, die forcirte Märsche von Peschiera und Mantua zu machen hatten, um rechtzeitig eintreffen zu können.

Aber dadurch, daß 1866 die Preußen siegten, also den Erfolg für sich hatten, weil ihnen ein Feldherr gegenüberstand, der das ihm so günstige Glück nicht zu fassen und zu benützen verstand, dadurch werden die Operationen der Preußen nicht besser und sie verdienen ebenso, ja noch mehr als jene Alvinzi's 1797 und von Wurmser 1796 an den Pranger gestellt zu werden. Wenn aber die Preußen hierbei von Napoleonischen Operationen sprechen, so mag es ruhig der Zeit überlassen bleiben, das Verdikt über jene Anmaßung zu fällen, welche von jeher das eigenthümliche Charakteristikon dieses Stammes bildete.